BÜZZ

© Jaqueline Vargas, 2021
© Buzz Editora, 2021

Publisher ANDERSON CAVALCANTE
Editora TAMIRES VON ATZINGEN
Assistente editorial JOÃO LUCAS Z. KOSCE
Revisão LIGIA ALVES, GABRIELA ZEOTI, LARISSA WOSTOG
Projeto gráfico ESTÚDIO GRIFO
Assistente de design FELIPE REGIS

Foto p. 111: acervo da autora

Dados Internacionais de Catalogação na Publicação (CIP) de acordo com ISBD

V197a

    Vargas, Jaqueline
    Aquela que não é mãe/Jaqueline Vargas
    São Paulo: Buzz, 2021.
    112 pp.
    ISBN 978-65-89623-19-9

    1. Literatura brasileira. 2. Poesia. I. Título.

                                  CDD 869.1
2021-1324   CDU 821.134.3(81)-1

Elaborado por Odilio Hilario Moreira Junior CRB-8/9410

Índice para catálogo sistemático:
1. Literatura brasileira: Poesia 869.1
2. Literatura brasileira: Poesia 821.134.3(81)-1

Todos os direitos reservados à:
Buzz Editora Ltda.
Av. Paulista, 726 – mezanino
CEP: 01310-100 – São Paulo, SP
[55 11] 4171 2317
[55 11] 4171 2318
contato@buzzeditora.com.br
www.buzzeditora.com.br

jaqueline vargas

aquela que não é mãe

Para aquelas que são e aquelas que não.

As três

Aquela que queria ser mãe   7
Aquela que foi filha   56
Aquela que não é mãe   66

Aquela que queria ser mãe

1

38
Aos 38.
Foi tarde demais.

Aos 38.
Achei que desse tempo.
A medicina está tão avançada...

Aos 38.
Seus exames podem te surpreender.
É estranho...
Ver que o avanço não serve para você.

É estranho...
Ver que aquela parte do seu corpo faliu.

Não desistiu.
Só parou de ser como era.

Eu também não desisti.
Foi ela – essa outra.

Eu injetei tudo.
Engoli tudo.

O médico desistiu antes de mim.
Achou melhor ser sincero.
Mas ele não estava sendo sincero antes?

Não tem nenhum óvulo.
De novo.

Nada.
De novo.
De novo.
Nada.

Mas eu menstruo.

E daí?
Nada.
De novo.

É melhor você guardar o seu dinheiro – ele disse.

É estranho.
Pensar em enriquecer sem nenhum herdeiro.
Penso nisso e entristeço.
Não pelo herdeiro.
Mas por mim.
Que só pensei em riqueza para doar.

Mas eu acreditava que era preciso outra parte.
O homem.
E não podia ser desconhecido.
Por quê?

Porque não queria ter um filho sem saber da origem da outra metade.

E se ele precisar de algo que só aquela metade puder dar?

E se ele precisar da outra parte?

Não poderei dar, e deve ser horrível não poder atender à necessidade de um filho.

Deve ser horrível vê-lo pedir e não ter resposta.

Preciso da outra parte.
Pensei.
Pensei também que seria fácil.

JAQUELINE
(mentindo pra si mesma)
É uma simples doação. Consciente.
Porque preciso saber da origem.

Hoje penso se não me desviei...
Analisando candidatos.

Todos acharam graça.
Até entenderem a seriedade.

E os olhares eram de pena,
    de susto,
        de nojo.
           Que mulher louca.

Mas teve um antigo amor que ainda era novo, porque o amor só se transforma.

Ele aceitou.

Aceitou ser a origem.
E veio comigo.
Mas era tarde demais.
A decisão dele veio tarde demais.
A minha também.

Hoje penso que só pensei em mim e não nele: não no homem, no filho.

Mas no começo existe mãe que pensa no filho?

Pensamos em nós.
Em sermos.
Em termos.
Em um dia ouvir mamãe.

2

Maternidade
Mater idade
Maturidade
Mater deidade
Mater díade
Mater mate
Arre mate
Arre ate
    Ate
  Re ta
  Meta
Métrica

3

Não.
Não tenho.
Pois é.
Não sou.
É.
Não quis.
É sério.
Não podia.
É, não deu.
Quer dizer...
Quando eu quis.
Era tarde demais.
Pro meu corpo.
Não.
Não consegui.

***

Sim.
Me arrependo.
Às vezes...
Sim, só as vezes.
Quando?
Quando vejo uma criança.
É mesmo, pode acreditar.
Tem criança que emociona.

***

Deve ser incrível.
Essa experiência de amar assim.
Sim, de amar.
Mãe ama mais o filho do que o filho à mãe.
Sim, é claro.
É assim que tem que ser.

***

De repente, se eu fosse mãe...
Tudo seria diferente.
Assim, o sentir.
De repente...
Se eu fosse mãe.
Seria assustador.

                E se eu fosse uma má mãe?
                    [uma mãe má?]

Dizem que algumas não levam jeito.
Será?
De repente...
É difícil dizer.
Mas eu também poderia ser uma mãe boa.
De repente...
Se tivesse acontecido.

4

No paraíso não existem mães.
No paraíso não existem filhos.
No paraíso apenas existem.

5

Mesmo depois de parar.
Com tudo.
As pílulas.
As injeções.
As ultrassonografias.
As visitas periódicas à clínica.
Mesmo depois do não.
Mesmo assim.
Algo lá no fundo gritava:

Milagre... Milagre... Milagre... Milagre...

Um milagre sempre pode acontecer.
Afinal...
Gostamos de nos enganar.
De entrar na gaiola da fantasia e passar a chave.
Lá dentro é seguro.
Lá dentro há proteção contra o não.

E assim fiquei na gaiola.
Por anos.
Anos.
E um dia...

Veio o advento.
Mas não era o esperado.
Foi precoce e sem aviso.

Em um dezembro como tantos outros, ele parou.

Parou.

Nenhuma gota de sangue.
Não tinha mais sangue.
E assim foi em janeiro,
   fevereiro,
      março,
         abril,
            maio,
               junho.

Em julho tive coragem...
De voltar à clínica.
E entender que não era doença.
Era outra etapa do jogo.

A fase anterior foi derrota.

Foi?
Hoje penso: por que me senti derrotada?

        Porque me senti derrotada.

Uma mulher sem filhos.
Quem não conhece alguém assim?
Essa mulher que não viveu as dores do parto.
As mudanças no corpo.
A primeira mamada.
O choro.

O banho.
As dobrinhas.
O creme hidratante na embalagem cor-de-rosa.
E as risadas.

Quem não conhece alguém assim?

Dizem que os filhos podem ser um infinito de possibilidades.
Mas pode o seu trabalho se transformar no seu filho?
Sua comunidade?
Suas vivências?
Suas buscas?
Qualquer um desses pode ser um filho?

Poder pode, mas...
Diante dos olhos dos outros tudo isso parece pouco.
É remendo.
É paliativo.
É consolação.

Ou esses olhos são meus e eu não percebi?

Sempre serei uma mulher sem filhos.
Falta um pedaço.
Falta um carinho.
E quem não quer carinho?

Por que devo me privar do afeto?
Não há outros jeitos?
Deve existir outra maternidade.
Outro meio de ser toda.

Mas por que a mulher só é mulher com outro?
Precisamos mesmo do outro para estarmos inteiras?
Sem um filho somos um corpo pela metade?

Sinto toda a minha pele me embalando.
Estou aqui e nada me falta, nenhum fio de cabelo.
Não sou meia mulher.
E não me sinto como um homem, embora ninguém chame um homem sem filhos de meio homem.
Até porque ele provavelmente não foi pai porque não encontrou a mulher certa

    [o que chega a ser divertido de tão patético].

ESTÁ SEMPRE NA NOSSA CONTA.
P
E
S
A
N
D
O

E não pode estar.

Paternidade é uma invenção masculina, eles que lidem com ela.

Não foram as mulheres que inventaram a maternidade.
Se tivesse sido, seria diferente.

Mesmo assim, ainda tenho essa maternidade inventada para processar.

Desde pequena fui treinada para pensar nela.
O conto de fadas mais bonito de todos.

É muito.

Crescer pensando que se deve amar mais a outra pessoa do que você mesma.

É muito.
Ainda mais quando não acontece e o amor estocado sufoca.

Ser aquela sem filho pesa.
Um peso do tamanho do mundo no meio das pernas.
Peso que só se alivia...
Dando à luz.
Algo equivalente.

Mas um filho equivale a quê?

Um ser humano que viveu nove meses nas suas entranhas, respirou com você, comeu com você, dormiu e acordou em você pode ser substituído?

Com o quê?
O vazio.
O vazio que só cresce e que se esparrama.
O alerta diário: você é aquela sem filhos.

6

Era outra vida.
A planejada.

Uma vida não com um, mas com dois, com três filhos.

Quartos de bebês.
Pinturas personalizadas.
[nas paredes]

Cheiro de algodão e lavanda.
Noites tranquilas.
Com um sono que atravessa.

Seios como fontes imperiais.
Indolor.
Até o primeiro aniversário.

Infância fácil, se é que isso é possível.

A criança que todos gostariam de ter.

E é minha.

Será minha para sempre, pelo meu bem e da neurose dela.

Não precisa ser médica.
Não sou como a minha mãe.
Eu terei êxito.
O melhor filho.

A melhor filha.
Meus.

Pelo menos no sonho serão, foram, eram... Na outra vida que eu tinha planejado.

7

As fotos são lindas.
Posadas.
Felizes.
As pernas não incham.
Não há enjoos.
Nem dor.

As fotos são lindas.
Todas.
Talvez por isso
[e só por isso].

Ser confrontado em sua frustração com a felicidade alheia é tão...

Oco.

Nunca ter a barriga.
Quando todas parecem ter.
Sim.
Diante dos meus olhos, "todas" têm.

Temos que ser felizes da mesma forma?

Por que a felicidade da outra não nos enleva?

[às vezes]

Por que só nos lembra de quão distante estamos da nossa?

É por isso que todas se esforçam para parecerem tão felizes?

O falso sorriso adoece.

Começa como uma dorzinha no canto da boca.
Dor que vira ferida.
Ferida que se espalha pelo rosto.
Congela-o num esboço.
Esboço de ser que desce pelo pescoço.
Se esparrama nos braços.
Escorrega pelas pernas.

Por que a felicidade da outra não é felicidade para nós?

É...
Vou deletar todas as minhas redes sociais.
Não tenho fotos como aquelas para postar.
Sim, sei que não deveria importar.

É só mais do mesmo
[afinal]
a felicidade é standard.

Mas quem não quer a felicidade embalada e delivery?

As fotos são sempre lindas.
E não importa se não é 100% verdade.
Nunca é.

Ninguém posta fotos das contrações dolorosas.

Do bebê aos berros.
Do desespero diante do choro que não para.
Do esgotamento das noites em claro.
Do corpo deteriorado, cansado.
Dos atritos no relacionamento.
Da primeira malcriação.
Da primeira decepção.
Da primeira dor de coração causada por um filho.

As fotos são sempre lindas.
O belo sempre ganha.
Mesmo que, às vezes, seja só fantasia.

[tudo]

8

A lista do que poderia preencher a lacuna foi L
                                            O
                                                o
                                          o
                                      o
                                    o
                                  o
                                  O
                                O
                              O
                            N
                            G
                       A

                    Quando fugimos do vácuo,
                    sempre é.

                    Não se escapa do destino.
                    Pagamos pedágios.

Que só aumentam conforme seguimos.

                Na estrada.

Quando não aceitamos a perda e a...

                Lamentamos.

Não se substitui um filho com trabalho, dinheiro ou paixões.

São mundos distintos.

Cada qual com suas vontades.

    sairártnoc contrárias
    Às suas.
   Desejos escondidos dos seus.
  E de um EU que não lhe pertence.

O filho não nasce para fazer a mãe feliz.

Existe por ele somente.

É assim que tem que ser.

E sendo assim,

   não há nada a ser feito quando ele não vem.

Há apenas que se dar corpo ao vazio que a ausência dele
             [trouxe].

     Queimar os corpos
     imaginários que
     P
      A
        I R am
     no ar.

Pode levar tempo.
Pode ser quase impossível.
Não é como ter e perder.

É como querer e perder.

E sempre dói muito matar um desejo.
A morte do sonho nunca é bonita.

E o filho inexistente mas sonhado
também é sofrido de deixar ir.

Por isso, talvez, no meio da noite
[principalmente]

eu espero o milagre que nunca virá.

9

O sonho ainda é nítido.
Mesmo tantos anos depois.
E era rosa.

E eu não gosto de rosa.
Mas ali, no sonho, gostei.

       O ar nesse matiz...
          Adocicava o respirar.

Como se eu andasse por uma chuva de véus aquecidos.

Deslizei...

Para dentro da

       E eu estava só...

... na casa. Era um momento de ocaso. O sol se punha. E tudo era como as asas de um flamingo. O chão de madeira era quente sob meus pés. A casa, por dentro, parecia dormir.

No final de um corredor, a luz de uma porta entreaberta lançava um risco de luz no chão.

Segui em linha reta _____

Até empurrar a porta levemente.

O quarto originalmente era claro, talvez amarelo ou creme, impossível dizer no meio de tanto rosa. Nunca achei que gostaria de um sonho que não fosse azul. Mas gostei do abraço, de me sentir abarcada assim e dentro de uma casa. Como um ÚTER®, como se eu fosse uma filha andando pelo corpo de uma mãe e procurando um lugar aconchegante para dormir.

Deitei na cama que se destacava alta e no meio do quarto. Afundei ali, flutuei em penas e dormi dentro do sonho.

Como é bom dormir dentro de um sonho, nenhum sono é mais seguro.

No sonho, sonhei novamente com aquele mundo rosa e fiz as mesmas coisas, e, quando deitei novamente na mesma cama alta, adormeci, mas dessa vez logo acordei. Acordei no sonho com a esperança de ter acordado na vida que seria a vida sonhada.

Na ponta da cama era onde estava. Embrulhado num tricô felpudo. Um pequeno pacote diante do qual debrucei. Desembrulhei o tricô, que de tão macio derretia entre meus dedos, até revelar, no meio de tudo e diante de mim... Ele estava. Ou ela, não pude saber.

E não me importava.

Era uma criança nascida havia pouco e era linda.

Não lembro se respirei, só que me atrevi a tocar na mãozinha fechada. A mãozinha se abriu e abraçou meu dedo enquanto os olhos se abriam para mim, cheios de curiosidade.

Eu estava sendo esperada e não esperando?
Gostei de pensar que sim.
E a criança sorriu porque eu sorria.

Acordei.

Nunca mais sonhei com aquela casa, embora todas as noites eu peça para o sono me guiar, só mais uma vez, para lá.

10

Ser aquela que não é mãe não devia me surpreender.

Eu sempre soube.

Aos 18 já sabia.

Me foi dito.

Giuseppe me disse.

Giuseppe foi um dos meus primeiros ginecologistas.
E ele foi profético.

Você não nasceu para ser mãe.

Frase que não se espera ouvir tão cedo na vida.

Você não nasceu para ser mãe.

Por que não? Como não? O que eu tenho? O que eu não tenho?

Será difícil para você.

Giuseppe só falou de forma pau sa da.

E ali o encanto se fez.
A busca pelo *não pode* iniciou.
Era eu o gladiador do outro lado da arena.

Se ele não tivesse me dito nada...

11

Até nosso corpo não é um.

Somos dois.

Pelo menos no começo.

Um que existe mas cuja presença desconhecemos.

Apesar de habitar nele.
    Respirar nele.
    Sentar.
    Levantar.
    Deitar
        [com ele].

Outro fantástico, maior, indefinido e quente.

Que tem fome e tem seio e duas bocas e muitos olhos.

Que amamos e odiamos.

            Até que...

        Esse dois corpos se percebem.

Você existe?

Você existe!

E se aproximam.

E desse encontro...

Começamos a nos tornar o que somos.

Um corpo desenho e esboço.

Um corpo dia e noite.

O corpo dia sempre tenta lembrar dos sonhos do corpo noite.
O corpo dia sempre tenta realizar os desejos do corpo noite.

Só que o corpo noite quer tanto e quer o que nem sabemos querer que lá no longe de dentro de nós...

Nosso corpo noturno e fantástico...

Segue, existe, quer.

Como uma tatuagem do corpo dela – da mãe –, e por isso...

Somos sempre dois.

Um corpo dentro do outro.

Pelos menos no começo.

Uma boneca russa.
Uma boneca.

12

Existe a possibilidade de não amar um filho?
ou
Amar mais a um em detrimento de outro?

Outro tão nascido de você quanto o primeiro?

O amor é uma escolha ou nasce junto do filho?
Como uma segunda cria?
Um gêmeo?

Nasce como um bezerro que não é levado ao seio e vai por conta.
Porque tem que ir.
Porque é involuntário.
    Impensável.
    Indiscutível.
        Não hesita.
        Não odeia.
        Não adia.
            É o natural programado.
            Predestinado.
            Em paz.

A mãe é mundo.
Por pelo menos um par de dias.
Enquanto é alimento e guia.
Depois não há despedidas.
Saudade.
Ferida.

Não há por que tê-las.
O natural programado não se escolhe.

Então, ser mãe não é natural ou é?
É dúvida também?
É angústia também?

Ter a possibilidade de não amar, não poder amar, não ser amado?

É na escolha que reside o humano materno?

Nessa relação tão rotação em cima do eixo,
tão rotação em torno do SOL.

Deve existir a possibilidade de não amar e sim
[algumas devem escolher esta opção].
Opção distante do antinatural materno.
E só deve acontecer porque não há escolha.
Não amar não é decisão.
É o natural programado como o desmame de um bezerro.

13

São sempre reminiscências que vêm...

Em ONDASSADNO

Uma vez

Duas vezes

Três vezes

Cada vez mais perto.
Cada vez ganhando mais um centímetro.
Cada vez mais na areia.
Cada vez mais pisando na praia.
                                        Cada vez mais insistindo.
                                                      Adoecendo.
Só pra chamar a atenção.
Só pra me fazer pensar se fui verdadeira.
Sempre somos verdadeiros até entendermos que não.

Lá no longe de dentro de nós.

O longe sempre sabe.

E vem como ondas até chegar à praia.
                                             Com a verdade.
O medo foi outro.
O medo foi legião.

Muitos e tantos e tão rápidos.
                    Que me pareceram um.
Mas o medo de não ser amada por um filho...

Era só disfarce.

Disfarce para um medo maior.

                    O DE NÃO AMAR.

            E se eu não a[o] amasse?
            E se ela[e] fosse doente?
                            Inacessível.
                            Incurável.
                    Uma *dor* que pesa.

                    E se ela[e] fosse perfeita[o]?
                            Saudável.
                            Adorável.
                    Uma ode à alegria.

                    E mesmo assim eu não a[o] amasse.
                    E se...

Eu nunca tive a pretensão de amar essa[e] filha[o].

Ela[e] era passe.

Era só pra ser considerada mulher.
                    Uma mulher inteira.

     Uma mulher que conseguiu tudo.
     Que é boa em tudo.
     E é mãe.
     Uma boa mãe.
     E tem um bom filho.

     E é normal.
E abre mão da sua vida por uma criança.
     Que pode vir a odiá-la.
     Mas sem essa criança.
     Sem esse rito de passagem.
     Não há vida adulta.
     Não há reconhecimento.
     Não há aquele olhar de canto,
     a pequena baixada das pálpebras.
      O sorriso sutil
      de bem-vinda ao clube.

Não há.

Essa outra não se atreve a falar sobre filhos.

Como você pode saber de crianças?

Não se atreva a querer ajudar!

Você não viveu isso, mas NÓS, todas NÓS, vivemos.

Mesmo que a memória esteja esgarçada.
Mas lá... desde a primeira boneca.
O primeiro faz de conta.

Toda mulher cresceu com um filho à espreita.

Em preparo.

Como um membro fantasma, presente e necessário.
Mas não é.

E se o desejo de ser mãe não está atrelado ao desejo de ser filho?

Se o desejo dela[e] é secundário desde o começo...
O que podemos esperar?

Arrependimento?

Se eu fosse filha de ouTRA mulher?
Se eu tivesse vindo de ouTRA mulher?
Se eu tivesse vindo de ouTRO lugar?

É isso que podemos esperar?

Não sei.

Mas o não amor é igual ao amor.

É VISÍVEL.

E a dúvida "se ele não me amar".
        Fica pequena diante do...
        "Se eu não o amar?".
Porque o filho quando chega é tábula rasa.

Ele é tão vulnerável.
É tão frágil o seu mundo.

É de uma crueldade selvagem não o amar.
Você precisa amá-lo mesmo sem querer.
Mesmo arrependida.

                        Existem tantas arrependidas.

Elas não podem falar.
Nomear o sentir
          tem poder.

E é feio não amar o filho.
É como matar o mestre.
Perverter o mito.
Sair da seita.

Ou era...

14

Diante dos olhos dele...
Como eu seria?
Sabendo estar diante dos olhos dele.
Eu mudaria?

O olhar do filho transforma?
O quê?
Devemos ser melhores?
Podemos ser melhores?
Tentamos ser melhores?

Ele é o nosso reflexo ou nós somos o reflexo dele?
[nos tornamos]

Nesse mimetismo, quem começa o bem?
Nós ou eles?
É normal querer ser melhor do que se é?
[quando o filho vem]

Seus olhos estão pousados em nós.
Fixos.
Praticamente o tempo todo.
Até quando não estamos com ele.

Nos seguem.
Nos admiram.
Nos odeiam.
Nos imitam.
Nos lembram de que somos moldes.

Moldes que foram filhos e também olharam.

Então acho que não é normal.
Normal é uma palavra tão pequena.

É humano?
É...
É humano querer ser melhor diante de um filho.

15

Deve ser assim.
Pensei.
Só pode ser.

É um sentimento que te invade como um susto.

[te captura]

Mesmo que você não queira, acontece e te leva...

Daquele momento ordinário.
Para um momento eterno.
E todo mal.
Todo trabalho desagradável.
Toda falta de $.
Todas as angústias.
Todas as neuras.

[Com o chefe
Com a sogra
Com o vizinho
Com a amiga
Consigo mesma]

Desaparecem.
Todo esforço
[cada minuto dele]

vale
[depois de um dia distante]
aquele abraço de boas-vindas.

Essa saudade misturada com pura alegria é tão contaminada de bom, de bem, de amor que vicia. Um dia recebi um abraço desses pela primeira vez. Não era do filho e sim do filho do irmão, era família.

Viajei tanto para estar ali, o momento era pesado para mim, tão pe
                   sa
                      do

Mas a sensação

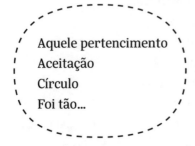

Aquele pertencimento
Aceitação
Círculo
Foi tão...

Que pensei.
É...
Deve ser assim.
Deve ser assim que uma mãe se sente
                            quando abraça um filho.

16

Era linda.
Era rosa.
Era Flor.

Era Rose.

A criança perfeita.

E eu a tive nos braços.
E eu mergulhei no seu olhar.
E eu me apaixonei pelos olhos jaboticaba.

Eu a quis para mim.

Embora ela fosse filha de outra.

Eu a quis para mim.

Hoje, após tantos anos.

Ainda lembro no corpo.

Ficou uma marca em mim.

Dela.

Do peso.

Do calor.

Do riso.

Do cabelo arrepiado.

Do cheiro de creme e infância.

Dos olhos.

Que prendiam os meus num abraço impossível de soltar.

Me perdi no seu olhar e por instantes me senti dentro da célula.

Com ela.

Eu a quis para mim.

Hoje, após tantos anos.

Se fecho os olhos,
          consigo ver, por alguns instantes...

A mesma poltrona
          e
                    ela nos meus braços.

Alex Rose
rOsa

RODA RODA RODA RODA RODA RODA RODA RODA

Meu olhar perdido e entregue ao olhar dela.

Apaixonada.

Eu a quis tanto para mim.

Hoje, escrevendo sobre ela, me vejo
                     nesta cozinha,
                     nesta casa,
                     neste meu mundo,
                     sem filhos.

E sou arrebatada por um choro convulsivo.

Um choro daqueles que te surpreendem.
                 Que você não espera.
                 Que você não controla.
                 Não sabia que sentia tanta falta dela.

Foi há tanto tempo...

Uma única tarde.

Um único momento perfeito.

Eu a quis tanto para mim.

Mas ela não era minha.

17

Sim, ele tem um Instagram, mas...
É só para os meus amigos íntimos.

Sim, acho que, no fundo, tenho vergonha mas...
Gosto de brincar com ele assim.

Foi depois dos 30.

Eu precisava cuidar de alguma coisa que respirasse.
E não podia ser planta.
Se elas têm olhos, nunca os vi.
Preciso de olhos.
Preciso que olhem para mim com amor.
[Não]
Preciso que olhem para mim com devoção.

Para ele, eu sou o centro do universo.

Foi depois dos 30.
Foi aí que esse desejo começou.
Eu precisava cuidar de alguma coisa que respirasse,
                      que tivesse olhos,
                      que ficasse feliz com
                      a minha chegada

                      e

                      que emitisse algum
                      som, me avisando de

que eu não estava
mais sozinha.

[ficar só, às vezes, é muito doloroso]

O Instagram dele é fechado.
Tem gente que acha patético, mas...
Tem gente que entende essa minha necessidade de direcionar o afeto.

Será que estou me desviando?
Do que deveria ser o certo?

Assim... evitando um afeto maior?

Gostaria eu que ele fosse um filho?

Não sei...

Não nomearia um filho com um nome de biscoito, de doce ou de algum objeto de alcunha engraçada.

Não se faz isso   com um filho.

Mas com ele eu posso fazer...
Não sei...
E enquanto o não saber persiste...
Vou manter fechado.

O Instagram dele.

18

Adote.
Adote.
Adote.

É imperativo: adote!

Não é simplório.
    Nem imediato.
    Não é emoji – é ordem.

Adote.
Adote.
Adote.

É burocrático: adote.

Mas preste atenção nas letras miúdas.
                                      É contrato.
                                      Vitalício.

Adote.
Adote.
Adote.

É inquestionável: adote.

Não pense.
Enquanto você pensa a vida passa.

E você chegará sozinha no final.
[Se continuar pensando muito.]

Adote.
Adote.
Adote.

É a salvação: adote.

Mas atente para as cláusulas abaixo:

A certeza deve ser absoluta.
Essa criança conhece a perda.
Essa criança não é uma compensação.
Essa criança não é a sua previdência.
Essa criança pode não realizar nenhum dos seus desejos.
Essa criança precisa de amor.

Você é capaz de criar e educar um filho não nascido do seu corpo?
Você é capaz de abrir mão do seu dinheiro,
do seu tempo,
de ser prioridade por ele?

Você é capaz de amá-lo como uma mãe deveria amar um filho?

Adote.
Adote.
Adote.

É irrevogável: adote.

Mas não há devoluções ou trocas.
O abrigo não é um depósito.
Esse ser não é um brinquedo.

Adote.
Adote.
Adote.

Mas não se esqueça: essa criança conhece a perda.

Aquela que foi filha

19

Quando eu era só filha, pensava:

Eu não aceito a vida que ela escolheu pra mim.

Muito obrigada.

Um gancho de açougueiro perfurava o meu esterno só de pensar em andar na fila. Só de pensar em cumprir as metas.

Crescer.

Sem vícios.

Me formar.

Médica.

Casar.

Virgem.
[Uma única e eterna vez]

Ter filhos.
[Muitos]

Morar em uma aprazível casinha no subúrbio, cheia de vaquinhas na cozinha.

E fazer churrascos com muita maionese de batata.

Muito obrigada.

[Passei]

20

Quando eu era só filha, pensava que todo mundo, um dia, já quis ficar sem a mãe. É um pensamento que atravessa a cabeça.

E se ela morrer?

Todo mundo... Estranho, hein? Mas tão humano...

Todas as vezes que eu pensei assim foram as vezes que eu pensei no meu próprio fim.

Eu não me pareço com ela. De maneira alguma.

Quem se parece comigo?

Nem eu me pareço comigo...

Olhos   castanhos   cabelos   castanhos
       estatura

                 mediana

Eu posso ser qualquer um.

Qualquer mulher pode ser minha mãe.

A vida muitas vezes se torna vazia. Sem sentido. Sem ritmo. Sem amanhecer. Sem face. Escura como o ÚTERO, mas não tão acolhedora.

Quando eu era só filha, sempre pensei em como seria se ela tivesse morrido. Eu sentiria a sua falta? Eu teria remorso pelo pensar?

Talvez...

Mas eu fui uma boa filha.
É difícil desobedecer uma boa mãe.
Podemos
    [mesmo acreditando estar no caminho oposto]

    obedecê-la por toda uma vida.

Mas quando eu era só filha o pensamento me atravessou a cabeça.

21

Existe uma saída do claustro que criamos quando somos criados. Eu reconhecia cada ruga, cada traço, fiz tudo para ser diferente e nunca fui tão igual.

Quando se olha, por muito tempo, abaixo da linha do horizonte é meio que óbvio que você sinta que todos te olham de cima para baixo.
Quando se olha, por muito tempo, acima da linha do horizonte é meio que óbvio que você sinta que todos te olham de baixo para cima.

Me senti subitamente do lado de dentro da vitrine.

Dessa vitrine imaginária que nos impede de sermos nós mesmos.

E de repente me tornei mãe da minha mãe, e a fiz entrar na vitrine. Eu a protegi. Isso me levou anos atrás e eu me entendi hoje naquele tempo, no tempo em que quem eu sou se fez. Eu me vi olhando na linha do horizonte, segurando na mão de minha mãe, do lado de fora da vitrine... E eu pensei: "deixe ir, deixe ir...".

Ela, assim como eu, também teve uma mãe.

Todos nós tivemos.

Será isso que dá humanidade à humanidade?

Ter sido gerado por um ser chamado mãe?

E se Deus, ou seja, se esse for seu nome e se você crê na sua existência, não tivesse inventado esse ser?
Seria o admirável mundo novo?

O paraíso?

No paraíso não existem mães.

No paraíso não existem filhos.

No paraíso apenas existem.

22

Quem sou eu? O que sou eu? Sempre fiz a mesma pergunta de frente para o espelho e o espelho nunca me respondeu. Com os anos, parei de perguntar.

    O espelho ainda me olha.
    Agora ele pergunta.
    Mas eu ainda hesito?
    Apesar de saber a resposta?

Se eu tivesse nascido de um ÚTER❂ diferente... Se outra mulher tivesse me concebido, eu conseguiria ser mãe?

    O espelho responde que sim.
    Como ele pode saber?
    Ele é só um reflexo.
    Os reflexos são diluídos.
    Os reflexos são portas abertas para a fusão.

Eu sou uma mentira. E só no dia em que eu gerar outro ser eu serei a verdade. Então, é disso que o mundo é feito. A nossa evolução é uma sucessão de mentiras e verdades, ou de verdades que se transformam em mentiras, ou mentiras que se transformam em verdades.

    O espelho concorda comigo.
    Acho que ele cansa.
    Porque precisamos dele no começo.

    Que bom que ELE é infinito.

23

Quando minha mãe estava grávida, muitas coisas se passaram com ela.

Ela me disse.

Assim como disse como eu me chamava.
Assim como nomeou todas as partes do meu corpo.
Assim como explicou todas as sensações que eu sentia.
Assim como me mostrou o mundo.

O mundo que só os seus olhos viam.

Eu via o mundo pelos seus olhos.

Pelos seus olhos aprendi.
Pelos seus olhos me vi como ela me via.

Até entender que tinha olhos também.
E me vi como eu era.

Mas esse corpo que ela via ficou em mim e às vezes me imagino como outrora.

Às vezes um corpo se parece com o outro.

Às vezes não.

Às vezes eu ainda sou só a filha dela.

E em outras eu sou eu mesma também.

24

Enquanto não for mãe serei eternamente filha?

Não.

Mesmo as que são mães ainda podem ser também filhas?

Sim.

Todas nós carregamos, lá no longe de dentro de nós, o corpo da mãe.

Aquela que não é mãe

25

Não é uma doença o que eu sinto, não é uma doença não querer ter filhos. Eu não quero ter filhos. Eu não sei por que as pessoas insistem em procriar. Com tantas crianças nas ruas esmolando e definhando, precisando de um espelho, qualquer espelho, as pessoas ainda querem procriar. Deveria existir uma lei que proibisse, que punisse essa vaidade de ter alguém do seu próprio sangue, alguém seu. O ser humano não é uma propriedade. E a forma perfeita não existe... E esses pseudopais em potencial, que, incapacitados de gerar, desejam um clone. Eles não querem um filho, querem ter a oportunidade de criarem a si mesmos.

E esse domínio, esse direito autoral, essa detenção, é isso que cria o ódio que sempre aparece quando a criatura quer ser o seu próprio criador.

E se todos nós fôssemos anfitriões uns dos outros? Como um guia no mundo, um mapa, um curso preparatório?

Aí, eu seria uma voluntária.

E para o meu hóspede, o meu viajante, eu poderia dizer:

Você não tem que me visitar no domingo, nem passar o Natal comigo, nem me dar um ovo Garoto na Páscoa, muito menos me apresentar seu amor.

Mas se você quiser...

26

Não é verdade que ter um filho "mata" o Édipo em nós.

Não acredito que todas invejem.

Não [in]vejo o parir como o nascimento de um pênis em mim.

    Finalmente
           [tenho o que ele tem].

Não quero ter.
Nunca quis.

Quando criança não lembro de ter inveja e sim pena.

Pena...

       Dó
       Dó
         Dó
Dó imensa.

Os meninos me pareciam inacabados.
Com aquele a mais.
A sobra.
Como dedos deformados e sem ossos.
Fora de lugar.
De sentido.

Eles eram errados e eu certa.

Eu nasci acabada, plena, hermeticamente selada.
E eles eram como o fio puxado de uma roupa.

Sempre achei meu sexo bonito.
A vagina é bonita.

Por que desejaria eu ter o sexo alheio?

Não acredito nessa inveja.

                        Mas...

                        Na outra eu acredito.

A inveja do
                ÚTERO.

A do pênis é [fábula bem-feita].

Era uma vez...

    Contaram histórias sobre nós.
    Sobre como nos sentiríamos.
                    Amaríamos.
                        Falharíamos.
    Escreveram histórias sobre nós.
    Nossas precariedades,
        funções,
        deveres.

    Escreveram mentiras sobre nós.

E fomos crédulas.
Porque era crer ou arder.

Sim

Somos maternas.
Somos paternas.
Somos fraternas.
Somos Sororas.
Somos tudo.
Somos nada.
Somos escolha.

Não somos função.

Ser mãe é escolha.

Sem filhos serei como um homem que não é pai – não achei a mulher certa?

Existe mulher certa?

A certa é a mãe?
Essa mãe como primeiro amor do filho, não por ser oposta, mas por não o ser.
A mãe é a outra metade da criança?
Ou a função mãe é que é?

Invejar o pênis não é, pode ser, seria invejar a ausência do

ÚTER●?

A falta de obrigação de ser a entidade mãe?
A falta da opulência de ter um órgão tão criador, tão único?

A inveja do pênis para mim é mais esse olhar.

Uma inveja de não ter esse poder
[obrigação],
essa força
[responsabilidade].
De não ter que amar tanto assim.

Porque não nos falta nada.

Somos completas.
Somos bonitas.
Temos demais.

É no homem que falta.
É ele que inveja.

27

Marque com V (verdadeiro), F (falso), L (lenda) ou T (tabu) as afirmativas a seguir:

*Pecado original
( ) A culpa é delas.
( ) Os deuses bons são masculinos.
( ) O homem é vítima.

*Frigidez
( ) Uma mulher decente não deve ter prazer.
( ) A função maior da mulher é reproduzir.
( ) Negar o prazer é negar a mordida no fruto da árvore do conhecimento – para sempre nulas.

*Bruxaria
( ) O natural é profano.
( ) A intuição feminina é profana.
( ) Temos medo da sabedoria feminina.

*Auxiliadora do homem
( ) A boa mulher se submete.
( ) Somos crias do macho.
( ) Destituição da subjetividade coletiva de um sexo.

*Volubilidade
( ) Somos inconstantes.
( ) Somos mutáveis.
( ) Não decifre a esfinge ou vamos te comer.

*Histeria
   ( ) Somatização de muitas épocas.
   ( ) Exigência do lugar de fala.
   ( ) Eu sou corpo.

*Maternidade
   ( ) Precarização de todas as outras potências femininas.
   ( ) Dar sem receber e agradecer.
   ( ) É só isso que você pode fazer/ser – só que não.

28

Um dia conheci um homem que queria amamentar.
E pelo seu próprio seio.
Ele queria ser fonte.

Outro dia conheci um homem que queria engravidar.
E com o seu próprio ÚTER®.
Ele queria brincar de deusa.

Em outro, outro dia, conheci um homem que queria parir.
E sentir as dores do parto.
Ele queria duplicar a si mesmo.

Em outro, outro, outro dia, conheci um homem que queria amamentar, gerar e parir.

Vi que já o conhecia.
Vi que conhecia muitos homens como aquele.

Homens que criaram as lendas.
Para encolher a tríade divina de gerar, parir e amamentar.

Essas funções ditas femininas, o destino de todas nós, o ato que transforma a mulher na mulher.

Será que essas três parcas, as três bruxas, podem assim controlar o nosso destino?

Sim.
Uma tece o fio.

A segunda cuida do fio.
A terceira corta o fio.

Mas uma mãe nunca corta essa linha. Ou corta?

Conheci um homem que queria ser criador, ser bruxa, ser eu.

Ele queria ter o poder de uma mulher.
Como não conseguiu, ele a calou.
Com medo da inveja do homem.
Ela ficou em silêncio por muitos anos.
E o que ele inveja[va]?

O fio.

Mas é a mulher que gera o fio.
E ela não se cala mais.
Porque ela gerou o homem.
Ela lhe cuidou.
E ela pode cortar seu ~~fio.~~ ————————————

Cortei.

29

No fundo.
Dentro.
Eu não queria.

Mas não podia falar nem pra mim.

A concretização do pensamento em palavras poderia materializar o meu desejo antinatural.

Não antinatural para mim, mas para aquela que eu deveria ser.

ANOS

Precisei de muitos.

TEMPO

Tanto tempo.

Para não esperar o milagre.

Para entender que só esperei o milagre porque ele não viria
[e eu sabia].

É seguro brincar de roleta-russa com uma arma sem munição.

Brincar com fogo, sob a tempestade...

Não QUEIMA.

Precisei de tanto tempo para não me sentir estrangeira em mim mesma. Para não me considerar meia mulher. Para aceitar que eu não queria[o] vivenciar a grande maternidade.
Se ser mulher é isso.
Não sou.
Se ser feminina é isso.
Não sou.

Sei que meu DNA não irá adiante.
Sei que existem sutilezas importantes que só passam de mulher para mulher.

Mas eu não sou única.
Somos tantas.

Algumas o farão.
Outras [eu] não.

E não há nada de errado comigo.

30

O que você foi quando você cresceu?

O que você acha que eu fui quando eu cresci?

"Eu acho que você foi mãe."

Meu sobrinho tinha 5 anos quando me disse isso.
Eu tinha mais de 30.
Ele me quebrou.
Ali.
Mas por um instante
eu vi, nos olhos de uma criança, o reconhecimento de uma mãe em mim.

Se eu quisesse...
~~Sim.~~
~~Eu poderia ter sido.~~

31

O medo de não ser boa.
Boa mãe.
Deve ter sido importante.
Dentro da minha cabeça.
Lá no fundo.
Na imersão do que não me lembro.
Lá isso deve ter sido importante.
O medo.
Hoje vejo...
Não era de não ser boa.
Era de o ser e mesmo assim não ser amada.
E mesmo assim sufocar.
E mesmo assim provocar no filho o oposto do amor.

A dor de sentir o não amor / denãosentiramor / deamornãosentir sendo mãe deve ser diferente.

Ou não?

Amor não é compulsório...

E seu filho pode não te amar.

Mesmo assim você o amará para sempre e acima de tudo, de forma incondicional [como deve ser o amor de uma boa mãe], você amará sabendo não ser amada?

Existe escolha?

De repente sim, e o amor incondicional é só um mantra pavloviano que nos fazem ouvir desde o ÚTERO das mães antes de nós, e por isso nem cogitamos {pensamos [ponderamos]} que um filho pode não amar uma boa mãe.

Pensar assim me leva de volta [e pela mão] ao lugar de filha.

Eu amei a minha mãe? Ela me amou?

Mais do que eu a ela?

É, eu não a amei tanto assim. Como uma mãe.

O medo de gerar um ser muito parecido comigo e assim não ser amada imensamente também deve ter sido importante.

Dentro da minha cabeça.

Lá no fundo.

Na imersão do que não me lembro.
No longe de dentro de nós.

Isso deve ter sido importante.

32

Um filho tem dois nascimentos.

O primeiro quando ele nasce para você.

E o segundo quando ele deixa de ser seu e nasce só para ele.

Somos dois no começo.

Só no come ço.

33

Parir ou dar à luz?

Sempre me perguntei o que seria.
Porque sim.
São diferentes.
Parir tem sempre sangue
                          dor
                    suor.

É uma extração.
Uma erupção.
É corpo.
É força.
É animus.
É terra.

Dar à luz tem som
                      cor

                    deslumbramento

        são
      pen
    sus
É uma

Uma apar**içÃO**

Um evento [quase] religioso.

Arrebata.

É alma.
É sopro.
É anima.
É ar.

Sempre me perguntei que mãe eu seria.

A que pare ou a que ilumina?

Gostaria de ter sido um pouco das duas.

Significado e símbolo.

Só parir pode ser tão violento.

Só dar à luz pode ser tão devaneio.

De repente é por isso que os dois existem, para fazer par

e andar de mãos dadas

e andar de mãos dadas.

Parir não pode ser ato falho.

E dar à luz poderia?

Sempre me perguntei se seria uma mãe que sente o corte.

O corte do fio,
    da linha,
    do cordão.

De todas as fantasias sobre parir, essa se tornou certeza.

    Eu sentiria o corte.
    Como uma descarga elétrica.
    Como uma pancada na cabeça.

    Sempre tive medo não da dor do parto.
    Não das trevas ao dar à luz.
    Mas sim da dor do corte.
    De ser nave-mãe perdida de seu astronauta.

    Mas sem o corte não há estrada
                     [real].

O ser mãe não acontece porque o ser filho é ser corte.

    Mesmo que demore.
    Mesmo que se repita.
            Umavezemaisumavezemaisumavezemais uma vez Uma vez e mais uma vez e mais uma vez e mais uma vez Uma vez e mais uma vez e mais uma vez e mais uma vez Uma vez e mais uma vez e mais uma vez e mais uma vez Uma vez e mais uma vez e mais uma vez e mais uma vez

Um eterno desmame.

Um desmame a conta-gotas.

Porque ser filho *É* ser o outro.

Por mais difícil que isso seja.

34

O filho pode existir desde sempre.
E existe.

Desde que a mãe é também criança.
Desde que a mãe brinca de um brincar de que não se lembra.

Desde que lhe entregam uma boneca ou objeto que o valha.

Desde ali.

Ela já tem um filho nos braços.

E mesmo depois que a boneca some...

O filho cria pernas.
        Braços.
        Pele.
        Voz.

        Ele a acompanha como sombra luminosa.

E fala e chama e demanda e cresce e vai pra escola e aprende e obedece e vira grande e a ama.

E é pleno, lindo e a venera mas precisa sumir e não consegue.

Só some quando vem na carne.
E nasce da menina não mais menina e sim mulher.

E fala e chama e demanda e encontra o pai e cresce e vai pra escola e desobedece e adquire vícios e acha outro objeto e te abandona.

E de repente sofre.

Porque sabe que não é o filho sonhado.
Não vive a vida épica tecida para ele.
Não é o herói da Ilíada.
Não é Hipátia de Alexandria.
Não é rei sol.
Não é.

É só filho.

35

Volta e meia me pego pensando por que era tão importante saber o pai.

Por que precisei saber a origem do filho?
Por que precisei não estar só?
Por que busquei uma justificativa para o meu desvio?

E pensei...

A mãe é sempre a pedra fundamental.

Mas sem o PAI não existe

a MÃE.

Eu só queria existir como mãe.

Logo, eu precisei dele.

Era como um daqueles moldes de papel onde se podia agregar a roupa...

Vendia no jornaleiro.

E já era um pequeno espelho do que o meu corpo fantástico deveria ser.

O corpo materno.

Um corpo que é do outro também.

Tanto do filho quanto do pai.

O pai também tem que entrar no corpo da mãe.

E nesse corpo fantástico.

Sempre somos invadidas.

E se falo que sem o pai não existiria a mãe é só porque...

Alguém tem que dar o não que a mãe não consegue.

Alguém tem que mostrar ao filho que a mãe tem outros amores.

E que o[a] filho[a] também deve tê-los.

Alguém tem que frustrar esse ser.

Porque a vida o frustrará.

E precisamos aprender a viver na falta.

Por isso falo que não há mãe sem o pai.

Essas duas funções.

São essas funções que nos criam [independentemente de quem assuma o papel].

36

Gosto de crianças.
Sou uma criança.
Todos somos, de um jeito ou de outro.

Aparentes ou no longe de dentro de nós.
                                                    Somos.

E quando somos o longe fica perto.

Nada me desagrada em crianças.

As curiosas demais me encantam.
As crédulas e sensíveis também.
Inclusive as agressivas e rudes.
Elas só querem ser vistas.

Crianças são um espelho de nós, os grandes e magnânimos adultos.

Logo, não gostar delas é não gostar de si.

Só que não querer ter filhos não é um amor negativo ou
                                                    desamor
                                                    ou
                                                    meio amor.

Não existe meio amor.
Não existe meia mulher.
Existimos.

Não querer ter filhos é tão excepcional.

É loooongo.
É cheio de curvas.

Gostar ou não de crianças fica até pequeno.

Porque o evidente [pelo menos para mim] é a busca por si em si mesmo e não no reflexo.

37

Sobre a mãe má.

Ela existe.
Não é mito.

Há muitas com filhos e muitos filhos.

Parte delas não têm consciência de que são más.

Elas acham que estão fazendo o melhor.

Mesmo quando não sabem o que fazer.

Mesmo quando querem sair correndo.

Me pergunto se as que sabem se importam.

Vivem elas uma meia vida?

Essa raiva pelo próprio filho existe por ter que sepultar todo dia esse não gostar vergonhoso? E a cada vez mais impossível de ser sentido?

Eu conheço mães assim.

De olhar perdido e suspiro resignado.
As explosões coléricas.
As pequenas crueldades para com os seus pequenos reflexos.
Geralmente os cantos da boca são inclinados para baixo.

A mandíbula é travada.
Batem os dentes à noite.
Porque nem dormindo podem dizer o que sentem.
E trancam esse afeto mal resolvido no céu da boca.

Não tenho raiva dessas mulheres.
Já tive um dia.

Quando queria ter filhos e eles não vinham para mim e chegavam aos borbotões para elas.

Por que elas e não eu?

Deveria existir uma prova para poder ser mãe?
Um controle de qualidade de vida?
Como seria esse teste?
Teria Rorschach?
Seria em etapas?

Enfim, hoje vejo que fui tão medrosa quanto elas.

Menti também e adiei até o meu corpo falir.

Menti também e submeti o meu corpo a agulhas.
                                                     Exames.
                                                    Remédios...
                                                      Sem fim.

Paguei com o corpo a vergonha da alma.
A verdade trancada no céu da boca.
E a verdade é tão simples.

Impossível deixar trancada por muito tempo.
Acaba sendo dita.
Mesmo quando não.

38

Agora posso falar.

Digo...
Não saberia...
Como fazer.
Mas ninguém sabe.

Nenhuma mãe.
De fato sabe.
O que fazer.
Ainda mais no primeiro.
Ainda mais porque no primeiro todas as já mães sabem mais e interrompem, atravessam, insistem em ensinar à revelia uma aluna sem questões.

Porque já passaram por aquilo.
São.
Nasceram.
Enfim,
     mães.

Algumas agradecem por polidez.
Ou não.

Outras se enervam.

Veem a interrupção como crítica, como ameaça a sua posição de criadoras.

E às vezes é a mesma mulher que segue todos os passos e ritos indicados por um homem.

                    O médico.

Ele pode interromper.
Mas, se outra o faz, uma animosidade pode ser resposta.
Como um suserano defendendo seu feudo.

O filho é meu O filho é meu O filho é meu O filho é meu
O filho é meu O filho é meu O filho é meu O filho é meu
O filho é meu O filho é meu O filho é meu O filho é meu
O filho é meu O filho é meu O filho é meu O filho é meu
O filho é meu O filho é meu O filho é meu O filho é meu
O filho é meu O filho é meu O filho é meu O filho é meu

Sinto em algumas o medo de não ser o suficiente ou a única.

Medo de não ser o centro do universo de alguém mesmo que por pouco tempo.

Agora posso falar...   eu seria como ela.

39

Não me vejo mãe

É uma responsabilidade que não quero

Não quero pensar além de mim

Não quero deixar de fazer para mim

E fazer para o filho

Não me vejo mãe

Não ter vontade de engravidar não quer dizer não ser mãe

Não me vejo mãe
Não cuido de mim, que dirá de uma criança

Frases que a gente ouve.
Frases que a gente sente.
Frases cheias de "mim".

Eu quero.
Agora.
Ser somente Eu.
Eu quero me afastar oniricamente do satélite.
Quero estar só com[igo].
Me enxergar.
Me surpreender.

Aprender a cuidar de mim antes de tudo.

Não sei cuidar de mim?
Essa coisa chamada cuidar...
O que é?
É o que eu era quando criança e minha mãe olhava por mim?
É o que eu imaginava quando devaneava sobre um filho?
Mas, se você não cuida de você, como cuidaria de outro?
Abrir mão da sua vida por outro ser...

Outro sujeito...

É natural?

Não somos seres egoístas e voltados para a satisfação pessoal?
Não nos distanciamos, a cada dia mais, da iluminada e arrogante empatia?

Ou ser mãe é ser à parte?

Ser mais
Elevado
Mais Maria Magdalena
Mais Marie Curie
Mais irmã Dulce
Mais Heloísa
Mais Simone
Mais Joanna
Mais Marias

E, sendo assim, um ser que pode se amar e amar a outrem.
Um ser que pode se cuidar e cuidar de outrem.
Um ser que cuida e nunca que é cuidado.

Será que a mãe
está à parte?

[Mas colocar a mãe à parte não é o mesmo que colocar a mãe à parte da humanidade?]

Ela não é como nós: humana?
Pode se arrepender.
Pode ser dúbia.
Pode hesitar.
Pode errar.

Como todos nós.

E ser ambivalente.
Duas em uma.
Uma em duas.
Até porque ser mãe não é.
Ser mãe "são".
"Podem."

Significa tanto...

Pode ser mar.
Porto.
Praia.
Baía.
Âncora.
Vela.
Vento.
Ventania.

Que nada sabe.
Que tudo pode.
Mãe é molde.
E é carimbo.

Mesmo que você ache que não.
Mesmo que você não sinta.
Está contigo.
Como um eco que embala.
Um ponto migratório a que sempre, mais cedo ou mais tarde,
voltamos todos.
Quando o inverno se aproxima.

40

Conheci uma mulher.
E ela era jovem.
E ela era forte.
E ela queria ser mãe.
Ela podia gerar mas não queria parir.
Queria receber o filho de outra.

Conheci uma mulher.
e ela era madura.
E ela era serena.
E ela queria ser mãe.
Ela não podia gerar mas queria parir.
Queria receber o óvulo de outra.

Conheci uma mulher.
E ela era plena.
E ela era vivida.
Ela não sabia se podia gerar.
Mas não queria parir.
Nem receber óvulo de outra.

Ela queria ser sua própria filha e se criar.

Criar um filho.
Gerá-lo.
Não tê-lo.
Somos todas, sempre, mães.
De alguma forma?
Em algum momento?

Isso faz diferença?

Não são, essas três mulheres, irmãs?

41

Há momentos em que a cólera me desorganiza.
Meu coração galopa.
O ar para na glote.
As mãos tremem.
A boca seca.
Todo o meu corpo se revolta.
E sim...
Tenho ganas de justiça.
E sim...
Tenho ganas de interdição.

Por que a mulher que espanca um filho...
Que o tortura.
Que quebra seu espírito.
Macula sua alma.

Compromete sua existência.
Pode ser mãe?

Uma torturadora como a maldita Gertrude.
Uma abusadora.
Uma sádica.
Uma pedófila.
Também é mãe?

Uma mulher que odeia os filhos...
  Que os abandona.
  Que os mata.
  Também é mãe?

Quando me deparo com essas mulheres...

Sim.

Sou tomada pela cólera.

42

Giuseppe...

Bem que Giuseppe falou:

"Existem mulheres que não nascem para ser mães".

Meus filhos serão outros?

Não, não terei filhos.

E nem vou substituí-los.

Por que precisaria?

Nós que não somos mães não precisamos fazer nada de grandioso para compensar a ausência.

Deixe a ausência virar presença.

Deixe o não ser o sim.

Eu não tenho filhos.

E se você também não...
Está tudo bem.

43

əãm ɐhniM Minha mãe

Minha filha ɐhlif ɐhniM

Toda mãe é filha.
Nem toda filha é mãe.
Nem todo filho é pai.

Não o tempo todo.
São papéis.
Que trocamos.
Que brotam sem que percebamos.

Até ontem eu era filha da filha da minha avó.

Hoje ela não é mais só filha da minha avó.

É também minha filha.
Minha mãe é minha filha.

A cada ano que passa.
A cada ruga.
A cada fio branco.
É mais criança.
E anda mais lento.
E afina a voz.

E tenta voltar no tempo.

Ser criança mais uma vez.
E tenta colocar a morte para depois.
Para um fim de vida com que ela, agora criança,
 nem precisa se preocupar.

Ela tem uma vida inteira para viver.

Mas o que é inteiro no tempo da vida?

Eu a vejo tentando escorregar para longe do finito.
Com seu passo lento, sem pressa de chegar.
E eu a vejo buscar uma mãe que não está.

Só que ela não quer ser criança de novo.
Ela só não quer morrer.

Ela só quer ser cuidada e agraciada como na infância.
Onde era seguro.
Não porque de fato era, mas porque todos eram grandes ao seu redor e a protegiam, e isso foi a fábula que sobrou.

E eu a vejo buscar essa mãe que não mais está.

Esse refúgio.

E a entendo.
E a ponho no colo.
Porque só meu colo posso oferecer.

Para que ela possa voltar no tempo, não no tempo em que eu era a menina de colo.

>No tempo em que ELA era.
>Era duas com sua mãe e estava salva.

Eu a embalo.
Pelo menos até chegar a hora em que ela nascerá ao avesso.

Em outro lugar.

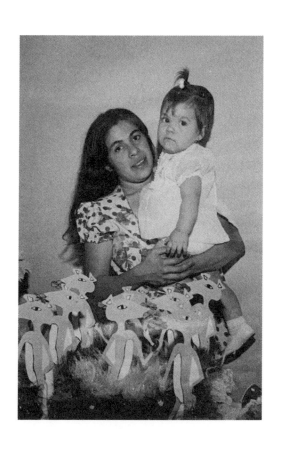

O 1º aniversário.

FONTES Silva, Faune
PAPEL Pólen bold 90 g/m²